Judith Le Huray

… und jetzt sehen mich alle!

Judith Le Huray

... und jetzt sehen mich alle!

Für Lehrkräfte gibt es zu diesem Buch
ausführliches Begleitmaterial beim Hase und Igel Verlag.
Außerdem liegt es in einer gekürzten,
in größerer Schrift gesetzten Fassung vor.

Dieses Buch erschien erstmals 2013.
Es wurde für die 7. Auflage farbig illustriert.

Lektorat: Sonja Stahuber
Illustrationen: Marc Robitzky
Satz: Appel Grafik München GmbH
Druck: Grafisches Centrum Cuno GmbH & Co. KG, Gewerbering West 27,
39240 Calbe (Saale), info@cunodruck.de

ISBN 978-3-86760-165-8
9. Auflage 2025

Inhalt

1. Kapitel

Partnervermittlung

„Dieser Mistkerl macht mich total fertig!“, regt sich ein blonder Achtklässler auf. „Er schreibt ständig so fieses Zeug über mich. Nur weil Jana mich cooler findet als ihn. Und ich kann absolut null dagegen tun.“

„Wieso kannst du nichts tun?“, fragt sein schwarzhaariger Kumpel, ohne mit der Tipperei auf seinem Handy aufzuhören. „Hau ihm eins in die Fresse.“

„Der Witz ist gut“, sagt der gedisste Typ. Er lacht aber nicht darüber. „Hast du den mal gesehen? Er sieht aus wie Schwarzeneggers kleiner Bruder. Wenn ich den nur anhuste, macht der Kleinholz aus mir.“

„Dann schreib eine Antwort, die sich gewaschen hat“, meint der andere.

„Wie denn? Ich kann mich ins *WirNetz* nicht mehr einloggen.“ Der Blonde kickt wütend einen Stein zur Seite. „Ich Hohlkopf hab mein Passwort vergessen."

Paula verdreht die Augen. „Oh Mann! Wie kann man nur sein Passwort vergessen?", zischt sie Tabea zu. „Ich nehm immer den Geburtstag meiner Katze. Aber Jungs sind manchmal so doof."

Paula, du bist selbst manchmal doof, denkt Tabea. Sie würde nie jemandem ihr Passwort verraten. „Wann hat denn deine Katze Geburtstag?", fragt sie grinsend.

„Millie? Am …" Paula stockt. Dann schüttelt sie den Kopf. „Nee, ich lass mich nicht reinlegen." Sie lacht.

„Oh Leute!", schnauft Yasemin. Gerade eilt sie aus dem Schulhaus, schon läutet es zum Pausenende. „Werdet nie Klassensprecherin. Ständig gibt's was zu tun."

Tabea weiß genau, dass ihre beste Freundin den Job liebt. Obwohl sie manchmal darüber schimpft.

„Ich muss noch schnell aufs Klo!“, ruft Paula und saust los.

„Paula ist echt nicht ganz dicht“, flüstert Tabea kopfschüttelnd ihrer Freundin zu.

„Wieso?“ Yasemin hakt sich bei Tabea unter. „Weil sie aufs Töpfchen muss?“

„Quatsch.“ Grinsend knufft Tabea ihre Freundin in die Schulter. „Stell dir vor, sie hat mir beinahe ihr Passwort verraten.“

Zusammen stapfen sie die Treppen hoch zum Klassenzimmer der 7b.

„Welches Passwort denn?“, wundert sich Yasemin.

„Auf jeden Fall für *WirNetz.de*. Keine Ahnung, wofür sonst noch. Du musst mal versuchen, den Geburtstag ihrer Katze aus ihr rauszuquetschen“, wispert Tabea mit geheimnisvoller Miene.

Frau Lautenbacher hat mal wieder Mathehausaufgaben für mindestens drei Wochen aufgegeben. Sie sollen aber bis morgen fertig sein. Wie üblich.

„Julius, kannst du die Ergebnisse nachher auf die *B-Seite* stellen?“, bittet Tim.

„Kein Problem“, antwortet Julius. „Dafür will ich aber dein Video vom Fußballspiel unserer Mannschaft sehen. Wenigstens die Torszenen. Musste Sonntag ja zum Omageburtstag …“

„Geht klar“, verspricht Tim. „Lade ich heute noch hoch.“

Die 7b hält immer zusammen. Wie Pech und Schwefel. Oder Hänsel und Gretel. Oder Nase und Pickel. Vor etwa einem Jahr hat die Klasse sich eine geschlossene Gruppe bei *WirNetz.de* eingerichtet. *KarlchensB-Seite* heißt sie. *Karlchen* wegen der Karlschule und *B-Seite* für die b-Klasse. Eine starke Seite für eine starke Klassengemeinschaft. Klar, ab und zu gibt’s auch mal Zoff. Aber das kommt ja in den besten Familien vor.

Auf *KarlchensB-Seite* tauscht man Ergebnisse von Hausaufgaben aus oder löchert die anderen, wenn man bei einer Aufgabe nicht weiterweiß. Außerdem kann die 7b dort ungestört über die Schule lästern, über Fußball, Stars oder die nächste Fete quatschen und Handyvideos oder Fotos mit den anderen teilen. Man sieht immer, wer gerade online ist, und kann sich im Chat treffen.

Beim Verlassen der Schule wird Paula von Yasemin aufgehalten. „Du, Paula, du kennst dich doch so suuuper mit Katzen aus. Ich will mir vielleicht eine zulegen. Kann ich dich dann fragen?“

„Ja klar!“, antwortet Paula und strahlt. Ihre Katze ist ihr Ein und Alles.

„Sag mal, wie alt ist deine Katze eigentlich?“, erkundigt sich Yasemin.

„Die ist schon beinahe neun Jahre alt. Ich war noch ganz klein, als ich sie bekommen hab“, erzählt Paula begeistert.

„Echt? Wann wird sie denn neun?“, horcht Yasemin sie weiter aus.

„Nächste Woche Donnerstag“, verrät Paula grinsend.

Yasemin und Tabea grinsen auch.

Geschafft! Mathe fällt Tabea nicht schwer. Die Ergebnisse der Hausaufgabe hat sie noch mit denen von Julius verglichen. Passt.

Dann hat sie Yasemin ein bisschen geholfen. Die ist nämlich in Mathe eher mittelmäßig. Dafür ist sie in Englisch ein Ass.

Jetzt hocken die beiden Freundinnen in Yasemins winzigem Zimmer auf dem Bett.

„Wer so hohl ist, muss bestraft werden“, meint Tabea. „Wie kann Paula nur ihr Passwort verraten?“

„Mal sehen, ob wir uns unter ihrem Namen einloggen können“, überlegt Yasemin. Ihr Notebook liegt schon auf dem Schoß bereit. „Welches Datum ist am Donnerstag?“

„Der Zwölfte.“

„Okay“, murmelt Yasemin. Dann tippt sie ein: *www.wirnetz.de*. „Mist, ich brauche zuerst ihre E-Mail-Adresse.“ Yasemin schaut im Zimmer hin und her, als würde die Adresse in der Luft herumschwirren. „Ach, die hab ich in der Klassenliste“, fällt ihr ein. Schnell ist die Adresse gefunden. „Jetzt das Passwort.“

Zuerst funktioniert es nicht. Muss man das Datum mit Jahrtausend schreiben oder ohne? Mit Punkten oder ohne? Vielleicht mit Bindestrichen? Drei Versuche.

„Wir sind drin!“, jubelt Tabea.

„Yeah!“ Yasemin streckt die Siegerfaust in die Luft. „Und was sollen wir schreiben?“

Eine volle Viertelstunde grübeln sie. Dann, endlich, haben sie die passende Idee. Paula ist schon ewig in Finn verknallt. Heimlich. Da muss man doch mal ein bisschen nachhelfen, dem Amor ins Hinterteil treten, damit er seinen Pfeil abschießt. Unter Paulas Namen gehen sie auf die *B-Seite*. Yasemin tippt:

Finn, ich liebe dich! ♥

Kurz und bündig. Und doch klar und deutlich. Wenn aber Paula die Liebeserklärung entdeckt? Sie wird sie gleich löschen. Weil es ihr peinlich ist. Oder weil sie zu feige ist.

Yasemin grinst verschwörerisch. „Wir müssen eben das Passwort ändern.“ Das geht ruck, zuck.

„Wir sollten eine Partnervermittlung eröffnen.“ Tabea lacht. Sie ist mit dem kleinen Scherz sehr zufrieden. Morgen in der Schule werden sie sehen, was Paula dazu meint.

2. Kapitel

Kloß im Magen

Paula schlüpft erst kurz nach dem Klingeln ins Klassenzimmer. Ihre Augen sind knallrot und verheult. Ohne jemanden anzuschauen, verkrümelt sie sich auf ihren Platz. Da kommt auch schon Herr Mauz und legt sofort auf Englisch los.

Nachdenklich schaut Tabea zu Paula. Ob deren Trauermiene etwas mit der gefälschten Liebeserklärung zu tun hat? Bei dem Gedanken bekommt sie einen Kloß im Magen. Vielleicht war der kleine Scherz für Paula doch nicht so klein. Ach was! Tabea schiebt die Bedenken gleich wieder zur Seite. Vielleicht ist was mit Paulas Katze. Oder sie hat Stunk mit ihrer Mutter.

„Would you come to me, please?" Der Englischlehrer holt Niko an die Tafel. „What's wrong here?", fragt Herr Mauz.

Zunächst steht Niko belämmert vor der Aufgabe. Doch als der Lehrer ihm einen Wink gibt, findet er den Fehler. Er korrigiert ihn und schlappt zurück zu seinem Platz. Dabei kommt er an Paulas Tisch vorbei. Er streift scheinbar zufällig ihr Federmäppchen und Kuli, Füller, Buntstifte, Spitzer, Radiergummi, Katzenfotos und Tampons landen auf dem Boden. Mit knallrotem Kopf sammelt Paula hektisch ihre Siebensachen ein.

Herr Mauz schaut Niko verwundert hinterher. „Would you help her, please?"

Doch Niko denkt gar nicht dran, Paula zu helfen. Mit mürrischer Miene knallt er sich auf seinen Stuhl.

„In was hat der denn gebadet?", flüstert Yasemin ihrer Freundin zu. Das hat Tabea sich auch gerade gefragt. Niko benimmt sich sonst nie so rüpelhaft.

Kaum ist Herr Mauz nach der Stunde zur Tür raus, boxt Cem Finn an den Arm. „Hey,

Alter, Paula will mit dir knutschen." Dabei grinst er bis über beide Ohren.

„Ja, auf geht's, Finn!", kräht schon der Nächste.

„Haltet die Klappe, ihr Knalltüten!", motzt Finn. „Ich will nix von der."

Paula steht so schnell auf, dass ihr Stuhl nach hinten kippt. Eilig rennt sie aus dem Klassenzimmer.

Tabea und Yasemin werfen sich einen Blick zu. Die Partnervermittlung läuft nicht ganz wie geplant.

In der großen Pause taucht Paula nicht auf dem Hof auf. „Komm, schauen wir nach, wo sie bleibt", schlägt Yasemin Tabea vor. Zusammen suchen sie im Schulhaus.

Auf der Mädchentoilette hören sie jemanden schluchzen. „Paula, bist du da drin?", fragt Yasemin.

„Mhm", kommt die gequälte Antwort.

Yasemin stellt sich an die Kabinentür. Leise fragt sie: „Was ist los? Willst du reden? Vielleicht können wir dir helfen."

Stille. Ein Schniefen. Naseputzen. Dann kommt Paula raus, mit verheulten Augen, knallroter Nase und Flecken im Gesicht. „Jemand hat was im *WirNetz* geschrieben", schluchzt sie. „Unter meinem Namen. Ich war's aber nicht."

Tabeas Kloß im Magen drückt und kneift. „Ist das denn so schlimm?" Bei der Frage schaut sie nicht in Paulas Gesicht, sondern auf den Boden.

Paula nickt. „Da steht, ich würde Finn lieben. Aber das ist längst vorbei. Ich bin nämlich in Niko verliebt. Wir haben uns verabredet. Und jetzt will er nichts mehr von mir." Sie hält die Hände vors Gesicht und schluchzt hinein. „Ich kann das nicht mal löschen. Ich komme nämlich gerade nicht ins *WirNetz*."

„Oh Mist!“, entfährt es Tabea. Dabei starrt sie beinahe ein Loch in die Bodenfliesen. Nach Paula dreht sich sonst kein Junge um und ihre abgetragenen Klamotten sind auch nicht der Brüller. Und jetzt haben sie ihr die Chance verbaut.

„Das tut mir schrecklich leid“, nuschelt Yasemin und legt einen Arm um Paula.

Dann holt sie tief Luft. „Du, Paula … Wir müssen dir was sagen."

Tabea heftet ihren Blick auf die Fliesen. „Paula, wir waren das. Wir haben den Zugang geknackt und uns eingeloggt. Es sollte nur ein Spaß sein. Weil du so locker von deinem Passwort erzählt hast. Aber wir wollten dir nicht wehtun. Echt nicht." Die Fliesen verschwimmen vor Tabeas Augen. Der Kloß in ihrem Magen hat jetzt Fußballgröße. Die Aktion war wirklich voll daneben.

Paula schiebt langsam ihr Gesicht aus den Händen. Mit glasigen Augen starrt sie die Mädchen an, kann es nicht fassen. „Ihr fiesen Dreckschweine!", kreischt sie und rennt aus der Toilette.

Wie zwei begossene Pudel stehen sie da. Eine Fünftklässlerin muss aufs Klo und wundert sich über die trüben Gestalten.

„Wir müssen das wiedergutmachen", murmelt Yasemin.

„Die Idee war echt total bescheuert“, gibt Tabea zu.

Es klingelt. Die Pause ist vorbei. „Wir sagen es allen. Der ganzen Klasse“, beschließt Yasemin. „Das sind wir Paula schuldig.“ Sie holt noch einmal Luft, als könne sie mit dem Sauerstoff Mut einsaugen. Dann geht sie los, Tabea hinterher.

Zum Glück ist Frau Lautenbacher noch nicht da. „Hört mal alle her“, tönt Yasemins laute Stimme durchs Klassenzimmer. Und weil sie als Klassensprecherin von allen anerkannt ist, sind die meisten gleich still. „Wir müssen euch was Wichtiges mitteilen.“

Tabea steht neben ihrer Freundin. Eigentlich beinahe hinter ihr, als wolle sie sich dort verstecken.

„Den Eintrag gestern auf der *B-Seite* hat nicht Paula geschrieben“, sagt Yasemin. Ziemlich leise sagt sie das. Trotzdem ist es bis in die letzte Ecke zu hören. Sogar die Dauerquassler sind jetzt verstummt. „Das waren wir.“ Sie wirft einen kurzen Blick auf ihre beste Freundin. „Wir haben uns in Paulas Account eingeloggt. Tabea und ich dachten, es wäre witzig. War es aber nicht. Es tut uns wahnsinnig leid. Wir werden löschen, was wir geschrieben haben, und das Passwort wieder zurückändern. Die Aktion war echt beknackt.“ Sie saugt noch einmal Mut ein. Dann wandert ihr Blick zu Paulas Platz. „Paula, wir wollen uns bei dir entschuldigen.“

„’tschuldigung“, murmelt Tabea. Mit wässrigem Blick schaut sie zu Paula, die zusammengesunken auf ihrem Stuhl sitzt. „Tut mir echt leid.“

Da platzt Frau Lautenbacher herein. „Was ist denn hier für eine Trauerstimmung? Lasst eure Hausaufgaben sehen.“ Sie geht sofort zur Tagesordnung über. Dabei hört sie nicht das Poltern der Herzen von Paula, Tabea, Yasemin, Niko und Finn.

3. Kapitel

Flirt im Chat

Gut, dass es *WirNetz.de* gibt. Für den nächsten Tag ist nämlich eine Bioarbeit angesagt. Auf der *B-Seite* kann sich die 7b darüber austauschen.

Tabea und Yasemin sind gerade im Chat. Paula ist auch online, aber sie chattet nicht mehr mit den beiden. Seit dem „Scherz“ vor einer Woche spricht sie überhaupt nicht mehr mit ihnen.

Früher hat Paula sich oft in der Pause zu Tabea und Yasemin gestellt und mit ihnen gequasselt. Jetzt hängt sie immer mit anderen Mädchen aus der Klasse rum. Sie hat den beiden nicht verziehen, so viel ist klar. Tabeas schlechtes Gewissen piekst und kneift in ihrem Magen, wenn sie daran denkt.

Yasemin hat nach der blöden Aktion auf eine Abstimmung gedrängt, ob sie Klassensprecherin bleiben soll. Die meisten wollten, dass sie ihr Amt behält. Es gab nur drei Gegenstimmen und zwei Enthaltungen. Eine Gegenstimme war ganz sicher von Paula.

Viele sagen, Paula solle das Ganze nicht so eng sehen. War ja nur ein Spaß. Aber Paula hat seitdem kein Vertrauen mehr zu Tabea und Yasemin.

Der Chat reißt Tabea aus ihren Gedanken.

Yasemin: Abendessen. Muss gehen. HDGDL ♥
Tabea: HDAGDL ♥ bis morgen!

Gerade will Tabea sich aus dem *WirNetz* ausloggen, da kommt noch eine Chatnachricht. Aber sie ist nicht von ihrer Freundin. Überrascht starrt Tabea auf den Bildschirm.

Josh: hi tabea 😊
Tabea: hi josh

Sie wundert sich. Noch nie hat Josh sie im Chat angesprochen. Überhaupt ist er nicht so oft im *WirNetz*.

Josh: bio kapiert?
Tabea: geht so
Josh: bist du oft im chat?
Tabea: geht so
Josh: lust mit mir zu chatten?

Tabeas Herz purzelt in ihrer Brust herum, als wäre es die Treppe hinuntergefallen. Wieso möchte Josh mit ihr chatten? Will er was von ihr? Sie weiß nicht recht, was sie antworten soll.

Tabea: geht so
Josh: haha kannst du auch was anderes sagen?
Tabea: manchmal 😳
Josh: in der Schule kann man nicht gut reden.

Tabea: stimmt
Josh: der chat ist cool
Tabea: stimmt
Josh: würde gern deine schönen augen sehen

Schöne Augen? Hopp-polter-plumps! Schon wieder purzelt Tabeas Herz aus dem Takt. Sie scheint Josh wirklich zu gefallen. Das ist irre aufregend! Tabea kann kaum klar denken. Aber sie muss antworten. Irgendetwas.

Tabea: kannst ja mein bild anschauen 

Fünfmal muss sie den Satz korrigieren, weil sie so hibbelig ist.

Josh: echt bist du viel hübscher 

Hopp-polter-plumps! Wenn das so weitergeht, braucht sie Herztabletten.

Tabea: thx 😊

Tabeas Gedanken flitzen durch ihren Kopf wie ein Flipperball. Sie muss nachdenken, braucht ein bisschen Zeit. Eine Notlüge.

Tabea: muss zum abendessen
Josh: ok. bis morgen?
Tabea: klar. in der schule
Josh: und im chat um sieben?
Tabea: vlt

Tabea loggt sich aus. Ihre Finger zittern.

Mit Gummibeinen steht sie auf und stellt sich vor den Spiegel. Schöne Augen hat sie, hat Josh geschrieben. Graublau schauen sie aus dem Spiegel zurück. Ziemlich unscheinbar, wie der Rest von ihr. Sie ist mittelgroß, sieht mittelmäßig aus, hat mittelblondes Haar. Die hellen Strähnen, die sie sich vor einiger Zeit hat machen lassen, kann man kaum noch erkennen. Die Figur ist ganz okay. Immerhin.

Bis jetzt hat sie erst ein Mal einen Freund gehabt. Robin. Der war ein totaler Reinfall. Ständig hat er sie begrapscht, als sei sie eine Gummipuppe. Nach ein paar Tagen hat sie selbst Schluss gemacht. Sie ist ja erst dreizehn. Da muss sie noch keine Angst haben, als alte Jungfer zu sterben.

Nach Yasemin drehen sich viele um. Die ist groß, schlank, hat dunkles, langes, welliges Haar und ein hübsches Gesicht.

Und Josh? Tabea schließt die Augen und sucht nach seinem Bild. Sein blonder Wuschelkopf sieht nett aus, auch die Sommersprossen. Seine Figur ist sportlich, er macht irgendwas im Verein. Handball oder Tischtennis oder Volleyball, sie kann sich nicht erinnern. Eigentlich hat sie Josh bisher nicht so recht beachtet. Aber morgen wird sich das ändern.

Ihre wackeligen Knie geben beinahe den Geist auf. Sie plumpst auf ihr Bett. Josh. Schöne Augen. Schule. Chat. Morgen um sieben.

Tabea ist total aufgeregt. Aber nicht wegen der Bioarbeit …

4. Kapitel

Achterbahn

Yasemin ist mal wieder in irgendeiner Besprechung und Paula steht bei anderen rum. Tabea ist das gerade recht. Vielleicht will Josh sie in der Pause anquatschen. Bis jetzt hat er sich nämlich noch nicht anmerken lassen, dass sie ihm gefällt. Deshalb stellt sie sich alleine in eine Ecke des Schulhofes.

„Wieso bist du nicht mehr bei *WirNetz*? Weißt du dein Passwort immer noch nicht? Kann man sich doch schicken lassen." Das ist der schwarzhaarige Achtklässler. Er hackt mal wieder wie ein Besessener auf seinem Handy rum. Gibt es eigentlich eine Handysucht?

„Doch, es ist mir wieder eingefallen. Aber ich hab keine Lust mehr, die fiesen Bemerkungen von dem eifersüchtigen Spinner zu lesen." Wütend tritt der Blonde gegen die Schulhofmauer.

Tabea wundert sich. Wie kann sich der Achtklässler von einem anderen dermaßen fertigmachen lassen? Wo es doch nur Einträge in einem sozialen Netzwerk sind? Okay, Paula war auch ziemlich durch den Wind. Aber der Junge wirkt nicht so, als würde er schnell aus den Latschen kippen. Ihr würde das nicht passieren, da ist sie sich ziemlich sicher.

Josh schlendert gerade über den Hof. Allein. Will er zu ihr? Tabea spaziert ihm unauffällig ein Stück entgegen. Aber Josh geht schnurstracks an ihr vorbei, auf einige Jungs aus der Klasse zu. Nicht mal einen flüchtigen Blick hat er für sie übrig.

Was soll das bedeuten? Waren die Komplimente im Chat nur ein Jux? Will er sie veräppeln? Tabeas Magen zieht sich zusammen.

Sie fühlt sich fallengelassen wie eine heiße Kartoffel.

Eigentlich hätte sie Josh schon ganz nett gefunden. Er sieht gut aus und redet nicht so viel Schwachsinn wie andere Jungs aus der Klasse. Unbewusst schüttelt Tabea den Kopf. Joshs Verhalten ist ihr ein Rätsel.

Zum Glück sorgt am Abend der Chat mit ihrer besten Freundin für Ablenkung.

Yasemin: Wie findest du die neue Frisur von Mahmut?
Tabea: weiß nicht. ist mir nicht aufgefallen
Yasemin: Echt nicht? Die sieht doch total cool aus.

In letzter Zeit quasselt Yasemin öfter mal von Mahmut. Ob sich da was anbahnt?

Pling! Ein neues Chatfenster reißt Tabea aus ihren Gedanken.

Josh! Was soll sie tun? Will sie mit ihm chatten, obwohl er sie heute in der Schule behandelt hat, als wäre sie unsichtbar?

Ja, sie muss mit ihm reden. Vielleicht klärt sich dann alles. Yasemin will sie vorerst nichts davon verraten. Die muss sie kurz loswerden, um sich ganz Josh widmen zu können.

Tabea: muss dringend aufs klo. bis nachher

Aufgeregt öffnet sie Joshs Chatfenster.

Josh: hi tabea wie gehts?
Tabea: geht so
Josh: was nicht in ordnung?

Tabea zieht die Stirn in Falten. In der Schule schaut er an ihr vorbei. Und jetzt tut er so, als sei nichts gewesen. Sie muss ihn zur Rede stellen.

Tabea: warum hast du mich in der schule nicht beachtet?
Josh: bin manchmal schüchtern. vor allem wenn so viele leute dabei sind

Okay, könnte ein Grund sein. Aber man kann's auch übertreiben.

Tabea: musst mich nicht gleich wie luft behandeln
Josh: warum? luft braucht man zum leben
Tabea: was meinst du damit?
Josh: überleg mal

Tabea atmet tief durch. Schon wieder dieses Herzpoltern. Durch ihren Kopf saust eine Achterbahn. Meint er es wirklich so, wie sie hofft? Sie muss sich dumm stellen.

Tabea: kA
Josh: ich brauch dich zum leben wie luft

Rrrums! Die Achterbahn saust vom Kopf in den Magen. Tabea liest den Satz einmal, zweimal. Sogar beim dritten Mal klingt er noch wie eine Liebeserklärung.

Josh: noch da?
Tabea: ja

Pling! Yasemin meldet sich. Das ist vielleicht ein Wink des Schicksals. Tabea muss Joshs Worte erst einmal verdauen.

Tabea: muss noch deutschhausaufgaben machen

Gleich nachdem sie den Satz abgeschickt hat, fällt ihr ein, dass sie heute in Deutsch gar nichts aufhaben. Aber Josh scheint zum Glück nichts zu bemerken.

Josh: bis morgen um sieben im chat?

Tabea: ok

Sie schließt das Chatfenster, atmet tief durch und trinkt einen großen Schluck Orangenlimo. Dann schaut sie, was Yasemin geschrieben hat.

Yasemin: Haaaallloooo Tabeeeeaaaa!
Tabea: wd
Yasemin: Bist du ins Klo gefallen?
Tabea: haha
Yasemin: Warst ja ewig weg.
Tabea: bisschen bauchweh. vlt magen verdorben 😔

Ist nicht mal gelogen. In ihrem Bauch rumort es, als würde ein Hummelschwarm darin herumfliegen. So gern Tabea mit Yasemin chattet – sie braucht jetzt Ruhe, um ihre Gedanken zu sortieren. Deshalb muss sie ihre Freundin schon wieder abwimmeln.

Tabea: muss mum in küche helfen

Yasemin: Dann bis morgen. HDGDL ♥

Tabea: HDAGDL ♥ bis morgen!

Bevor sie sich aus dem *WirNetz* ausloggt, klickt Tabea noch auf das Foto von Josh. Es lächelt sie an. Tabea lächelt zurück.

5. Kapitel

Schwarzes Fenster

Auch heute schaut Josh an Tabea vorbei. Wie Luft ist sie, er braucht sie zum Leben. Sie muss schmunzeln, als sie daran denkt. Aber ein kurzer Blick wäre trotzdem nett.

Im Schulflur geht sie beinahe zufällig neben ihm. Nur ein bisschen hat sie nachgeholfen, sich beeilt, um ihn einzuholen. „Hi, Josh", raunt sie ihm zu. „Bist du nachher im *WirNetz*?"

Josh schaut ihr verwundert ins Gesicht. Tabea schenkt ihm ein strahlendes Lächeln – und hat den Eindruck, er wird ein bisschen rot. Dann antwortet er: „Nein, wieso? Gibt's da was Besonderes?"

Das Lächeln fällt aus Tabeas Gesicht. Aber dann entdeckt sie Cem. Wahrscheinlich hat Josh Angst, dass dem gleich eine dumme Bemerkung einfällt, wenn er Wind von der

Sache zwischen ihnen bekommt. Schade, dass Josh nicht zu seinen Gefühlen steht. Aber vielleicht braucht er einfach nur Zeit.

Yasemin kommt heute nicht in den Chat. Sie ist auf der Geburtstagsfeier einer Tante. Dafür wird Tabea schon von Josh erwartet, als sie sich abends um kurz vor sieben auf der *B-Seite* einloggt. Anscheinend ist sie besonders genug, dass er sich wieder blicken lässt.

Josh: hi tabea 😊
Tabea: hi josh. dachte, du wolltest heute nicht ins *wirnetz*
Josh: dann würde ich dich noch mehr vermissen
Tabea: 😊
Josh: würde gern dein gesicht sehen. nicht nur auf dem foto
Tabea: siehst mich doch jeden tag in der schule

Josh: aber nicht jetzt

Tabeas Herz macht einen Hüpfer. Gleich wird er sie fragen, ob sie sich treffen können. Ist ja Freitagabend. Bis neun dürfte sie sicher noch raus. Aber nichts passiert. Er wartet auf eine Antwort. Sie muss etwas tippen. Wenn er sich nicht traut … Zitternd sucht sie die Buchstaben auf der Tastatur.

Tabea: wollen wir uns treffen?
Josh: kann nicht weg. muss auf kleine schwester aufpassen

Josh hat eine kleine Schwester? Schnell klickt Tabea auf sein Profil. Tatsächlich, da steht's. Lynn heißt sie.

Tabea: wie alt ist sie denn?
Josh: verdammt jung. hast du mal videochat ausprobiert?

Tabea: nein
Josh: sollen wir? dann können wir uns sehen und übers mikro sprechen

Tabea bekommt einen Schreck. Josh will über die Notebook-Kamera zu ihr reinschauen? Sie sehen? Jetzt? In ihrem ausgewaschenen Shirt und den zerzausten Haaren? Wäre schon witzig. Und vielleicht traut er sich dann ein bisschen mehr als in der Schule.

Tabea: ok. wie geht das?
Josh: schick dir link und passwort
Tabea: muss aber vorher noch aufs klo

Tabea schaut in den Spiegel. So kann sie sich nicht sehen lassen. Schnell das T-Shirt wechseln. Das türkise ist hübsch. Ein bisschen Kajal und Lipgloss auflegen und mit ein paar Bürstenstrichen durch die Haare fahren. Die alte Jogginghose kann er ja nicht sehen, wenn sie am PC sitzt. Aber das Bett, das genau hinter ihr steht. Schnell die Decke glatt gezogen, Kissen ausgeschüttelt, die leere Chipstüte in den Mülleimer befördert. Vor allem muss Fritzchen, ihr Schmuseteddy, neben dem Schreibtisch verschwinden. Wäre ja peinlich, wenn Josh den sehen würde. Er würde denken, sie sei etwa so kindisch wie seine kleine Schwester.

Tabea: wd
Josh: wb 😊
Tabea: und jetzt?

Josh schickt ihr die Zugangsdaten. Für ihn sei es auch das erste Mal, schreibt er. Und er sei total aufgeregt, ob das funktioniere.

Tabea macht alles nach Joshs Anweisung. Dabei spürt sie, wie ihr Gesicht rot wird. Gleich wird er sie auf seinem Bildschirm haben. Und ihr Zimmer. Live.

Schon erscheint ein schwarzes Fenster. Sie gibt ihren Namen und das Passwort ein. Nach kurzer Zeit sind zwei Kästen zu sehen. Über einem steht *Tabea*, darunter ist ein bewegtes Bild von ihr. Ob Josh das auch sehen kann? Sie versucht, ein nettes Gesicht zu machen. Über dem anderen Kasten steht *Josh-Versuch1*, aber sonst ist alles schwarz.

„Josh, hörst du mich?“, fragt Tabea ihren Computerbildschirm. Doch weder der noch Josh antwortet. Und das zweite Viereck bleibt schwarz. Der Chat im *WirNetz* ist noch geöffnet, das ist gut.

Tabea: kann dich nicht sehen. alles schwarz
Josh: bei mir auch
Tabea: und jetzt?
Josh: meine Schwester schreit. muss weg. lass beide chat-fenster offen. ich schau später woran es liegt
Tabea: ok cu

Tabea nutzt die Zeit, um sich zu stylen, das Zimmer besser aufzuräumen und sich eine frische Limo zu holen. Dazwischen schaut sie immer wieder auf ihren Monitor. Alles unverändert.

Ein bisschen stöbert sie noch im *WirNetz* und findet sogar die Seite des blonden Achtklässlers mit den fiesen Bemerkungen von *Wilder Hengst*. Bei dem ist wohl wirklich eine Schraube locker.

Ihre Lieblingscousine hat eine Mail geschrieben, in der sie vom Schullandheim erzählt. Muss gut gewesen sein. Die beantwortet sie noch, dann macht Tabea sich fertig fürs Bett.

Nachdem sie die Zähne geputzt und sich gewaschen hat, ist alles unverändert. Josh ist nicht mehr im *WirNetz* aufgetaucht.

Tabea zieht sich aus und legt ihre Klamotten auf den Schreibtischstuhl. „Armes Fritzchen, die ganze Zeit musstest du auf dem Boden sitzen", sagt sie und holt ihren Schmuseteddy aus der Verbannung. Liebevoll drückt sie ihn an die Brust. Sie muss grinsen, als sie sich mit Fritzchen auf dem Monitor sieht. Ein bisschen enttäuscht schließt sie die Fenster vom Videochat und loggt sich aus dem *WirNetz* aus. Dann fährt sie den Computer runter.

Sie schlüpft in ihren Schlafanzug und mummelt sich in ihre Bettdecke ein. Fritzchen hält sie dabei fest im Arm. „Schade, dass du nicht Josh bist“, flüstert Tabea und drückt dem Teddy noch einen Kuss auf die Stirn.

6. Kapitel

Die Schlampe

Nach dem missglückten Videochat ist Josh kein einziges Mal mehr im *WirNetz* aufgetaucht. Am Montag danach hat Tabea ihn gefragt, wie es seiner kleinen Schwester geht. „Gut“, hat er geantwortet. Dabei hat er sie angeschaut, als hätte sie nicht mehr alle Tassen im Schrank.

Das Thema Josh ist für Tabea also gestorben. Und Jungs im Allgemeinen vorerst auch. Zuerst die miese Erfahrung mit Robin, der sie nach drei Tagen schon ins Bett zerren wollte. Sie hat sich dafür viel zu jung gefühlt. Außerdem war er nicht der Richtige für „das erste Mal“. Nachdem sie ihm den Laufpass gegeben hatte, kamen seine fiesen Anrufe. Sie hat einfach aufgelegt. Und jetzt noch der Reinfall mit Josh, dem sie anscheinend gerade mal drei Tage lang gefallen hat.

Yasemin dagegen ist seit ein paar Tagen total hibbelig. Mahmut hat sie nämlich für Sonntag ins Kino eingeladen. Seitdem gibt es für sie kein anderes Gesprächsthema mehr.

Tabea war am Wochenende bei einer Cousine. Die hat geheiratet. Was für eine schöne Hochzeit! Das Paar hat sich ständig verliebt in die Augen geschaut. Ob Tabea auch mal von einem Mann so angehimmelt wird?

Auf ihrem Schulweg am Montagmorgen denkt Tabea an den innigen Kuss des Hochzeitspaares. Der Pfarrer hat sich geräuspert, weil er so lange gedauert hat. Tabea muss schmunzeln.

„Hey, da vorne läuft die Schlampe!“, hört sie plötzlich jemanden hinter sich grölen.

„Hallo, Mieze, hast du noch ein paar Bilder für mich?“, ruft ein anderer.

Tabea dreht sich um. Es sind drei Jungs aus der Parallelklasse, die sich halb kaputtlachen.

Wen meinen sie? Vielleicht die Rothaarige vor ihr. Sie ist in der achten oder neunten Klasse.

Yasemin kommt Tabea am Schultor entgegen. „Hallo, Süße“, grüßt sie. „Wie war dein Wochenende?“

„Schön. Die Hochzeit war klasse. Und bei dir?“

„Super“, schwärmt Yasemin und strahlt bis über beide Ohren. „Mahmut ist ja so süß!“

„Hey, Schnecke!“, johlt einer neben ihnen. „Was verlangst du denn so?“

„Gibt’s für Mitschüler Rabatt?“, kräht ein anderer.

Schallendes Gelächter.

„Halt die Klappe!“, schimpft Yasemin. Ihr Strahlen ist verschwunden, stattdessen hat sie einen roten Kopf. Nach einem kleinen Stöhnen raunt sie Tabea zu: „Manche meinen immer noch, türkische Mädchen seien Freiwild. Idioten!“

„Mach dir nichts draus", versucht Tabea sie zu trösten. Ihr fallen wieder die drei Schüler aus der Parallelklasse ein. „Irgendwie scheinen manche Jungs heute einen Knall zu haben. Außerdem: Du bist doch gar keine Türkin."

„Na ja, meine Eltern kommen aus der Türkei, meine Mutter hat den türkischen Laden und ich sehe türkisch aus. Das sind für einige Gehirnamputierte genug Gründe, mich anzumachen."

Kaum betreten die beiden Mädchen den Schulhof, startet ein Chor: „Ausziehn, ausziehn!"

Yasemin hängt sich bei ihrer Freundin ein und eilt mit ihr ins Schulhaus. Doch dort ist es nicht besser. „Hey, du Schlampe, musst du nicht arbeiten gehen?" Diesmal ist es eine Mädchenstimme.

„Oh, unsere nackte Schönheit!" Wieder ein Mädchen.

Tabea schüttelt verwundert den Kopf. „Was haben die heute alle?“

„Mahmut!“, haucht Yasemin erschrocken. „Er muss mieses Zeug über mich erzählt haben.“ Eine Träne läuft über ihre Wange. Sie wischt sie schnell ab und zieht die Nase hoch. „Ich dachte, er mag mich.“

Zusammen stürzen sie ins Klassenzimmer. Dort bleiben sie wie vom Blitz getroffen stehen. An der Tafel lesen sie in riesengroßer Schrift und fett unterstrichen: *TABEA ist eine SCHLAMPE!!*

7. Kapitel

Gedisst

Stille. Dann leises Gekicher und Geflüster. Tabea kann sich nicht bewegen. Wie versteinert steht sie da, starrt auf die Tafel, bis die Buchstaben vor ihren Augen verschwimmen. Nicht die Rothaarige vor ihr war gemeint. Auch nicht Yasemin. Nein, das alles galt ihr, Tabea Kurz.

„Der Nutte hat's die Sprache verschlagen", lästert Tina.

Yasemin holt tief Luft. „Sagt mal, habt ihr sie noch alle?", keift sie. Mit stampfenden Schritten braust sie nach vorn, schnappt sich den Schwamm und wischt die Tafel. Die Schrift verblasst, aber noch immer kann man den Satz lesen: *TABEA ist eine SCHLAMPE!!* Entschlossen geht Yasemin zum Waschbecken. Mit triefend nassem Schwamm löscht sie den fiesen Anschrieb.

Tabea steht immer noch fassungslos vor der Tafel. Was hat sie getan? Warum sind heute alle hinter ihr her? Warum wird sie fertiggemacht?

„Was ist hier los? Was soll dieser See auf dem Boden? Tabea und Yasemin, bitte setzt euch!“ Frau Lautenbacher zeigt mal wieder so viel Einfühlungsvermögen wie ein Betonklotz.

„Tabea geht’s nicht gut“, mault Yasemin und pfeffert den nassen Schwamm ins Waschbecken.

Frau Lautenbacher wischt sich Spritzer aus dem Gesicht. „Yasemin, auch eine Klassensprecherin hat sich zu benehmen. Außerdem kann Tabea mir das schon selbst sagen. Wenn sie sich schlecht fühlt, sollte sie ins Krankenzimmer gehen. Und wenn nicht, dann sollte sie sich setzen und ihr Matheheft herausholen.“ Nein, ein Betonklotz hat wohl doch mehr Einfühlungsvermögen als Frau

Lautenbacher. Zum Glück sind nicht alle Lehrer so, denkt Yasemin.

Tabea lässt sich auf ihren Stuhl plumpsen.

„Halt!“, kreischt Yasemin mitten in einen lauten Knall hinein.

Zu spät. Tabea springt auf. Ihre Hose ist klitschnass. Lautes Gegröle und Gelächter im Klassenzimmer. Irgendetwas liegt auf dem Stuhl. Durch ihren Tränenschleier kann Tabea es nicht erkennen.

„Ein Kondom!“ Wütend springt Yasemin auf, stemmt die Fäuste in die Hüften, lässt ihren Blick schweifen und brüllt: „Welcher Volltrottel war das?“

„Yasemin, jetzt reicht’s!“, wettert Frau Lautenbacher. „Ich verbitte mir solch derbe Schimpfworte im Unterricht. Und eure Späße solltet ihr auf die Freizeit verlegen.“ Damit ist das Thema für sie erledigt. Sie will nicht wissen, wer Tabea das Kondom auf den Platz gelegt hat. Auch Tabeas nasse Hose interessiert sie nicht. Mathematik, Bruchrechnen, das ist das Einzige, was für sie zählt.

Tabea bekommt von Mathe nichts mit. Sie versucht, die Gedankenflut zu ordnen, die wie wild durch ihren Kopf saust. Was ist passiert? Warum wird sie von einem Tag auf den anderen von allen verachtet? Warum wird sie als Schlampe, als Nutte beschimpft? Nicht nur in der eigenen Klasse, sondern in der ganzen Schule wird sie plötzlich gedisst. Eigentlich hat sie immer gedacht, Mobbing gäbe es nur in irgendwelchen Fernsehsendungen. Oder zumindest nur bei anderen. Und jetzt ist sie selbst das Opfer.

Yasemin schiebt ihr ein Taschentuch zu und streicht ihr liebevoll über den Arm. Tabea atmet tief durch, wischt sich die Tränen ab und putzt sich die Nase. Sie ist nicht allein. Zum Glück hält ihre beste Freundin zu ihr. Das gibt ihr ein kleines bisschen Kraft.

Endlich Pause. Yasemin bindet Tabea ihr Sweatshirt um die Hüften, um die nasse Hose zu verdecken.

Zur Toilette ist es nicht weit. Trotzdem wird Tabea gleich von einem Achtklässler angehalten. „Hallo, mein nackter Engel, lass mich dein Teddybär sein!“, schmachtet er gekünstelt und tut so, als wolle er sich in Tabeas Arme werfen.

„Verschwinde, du Idiot!“, zischt Yasemin und schubst ihn weg.

Sie sind allein in der Toilette. „Was ist passiert?“, fragt Yasemin.

„Keine Ahnung“, antwortet Tabea leise. Ihr Mund beginnt zu zittern, dann die Schultern, bis die Tränen wie Bäche aus ihr herausströmen. „Ich versteh das nicht.“ Ihr Schluchzen hallt durch den Raum.

„Das werden wir klären“, sagt Yasemin bestimmt. Mit einem großen Ballen Klopapier versucht sie, Tabeas nasse Hose zu trocknen. Kurz stockt sie, schaut in die Luft. Ein kleines Lächeln huscht über ihr Gesicht. „Dann war es nicht Mahmut", stellt sie erleichtert fest. „Ich dachte schon, er hätte Mist über mich verbreitet. Hat er aber nicht."

Schwungvoll wirft sie das nasse Papier ins Klo. „Na, wartet!", droht sie. „Meine beste Freundin macht keiner fertig." Kampfeslustig hakt sie sich bei Tabea unter und führt sie zurück ins Klassenzimmer.

8. Kapitel

Röntgenblicke

Die meisten Schüler der 7b sind zurück aus der Pause. Einige glotzen auf ein Smartphone und kichern.

Yasemin stellt sich vorne an die Tafel. Auf die dummen Sprüche ihrer Mitschüler reagiert sie nur mit bösen Blicken. Dann sagt sie: „Hey, Leute, hört mal her! Ich dachte immer, wir hätten eine gute Gemeinschaft und einen tollen Zusammenhalt. Aber da ist was absolut danebengelaufen. Es kann ja wohl nicht sein, dass man eine Klassenkameradin so übel fertigmacht."

„Dann soll sie nicht solche Bilder von sich ins Netz stellen!", ruft Tina dazwischen.

„Wieso?" Timo grinst. „Sind doch passende Bewerbungsbilder für den Job."

„Was soll das?", schnauzt ihn Yasemin an. „Was für Bilder?"

„Na, die Nacktbilder!“, erklärt Tina. „Hast du sie etwa nicht gesehen? Im Internet. Von der Nutte da.“ Abfällig zeigt sie auf Tabea.

„Im *WirNetz* spricht die ganze Schule davon“, sagt Cem.

Yasemin schüttelt verwirrt den Kopf. Dann schaut sie Tabea an. „Hast du irgendwelche Nacktbilder veröffentlicht?“, fragt sie ihre Freundin entsetzt.

„Was?“ Tabea versteht kein Wort. Erst allmählich dämmert ihr, wovon die Rede ist: Nacktbilder. Von ihr. Im Internet. Alle haben sie gesehen.

Ihr wird schwindlig, schlecht, Tausende bunte Kringel schwirren vor ihren Augen herum. Ein lautes Pfeifen in den Ohren übertönt die Stimmen, die alle durcheinanderreden und von den Fotos im Netz erzählen. Nackt. Jeder auf der Welt kann sie sehen. Aber wie kann das sein? Wie konnte jemand sie nackt fotografieren?

„Hier, guck mal, will sich deine Freundin mit den Fotos für den *Playboy* bewerben?" Bodo grinst Yasemin frech an und hält sein Smartphone in die Höhe. Plötzlich lässt er es in der Tasche verschwinden.

„Was ist denn mit euch los?" Unbemerkt hat Herr Mauz das Klassenzimmer betreten. Sein Blick wandert durch die Reihen. „Ihr macht ja Gesichter, als hätte eine Bombe eingeschlagen." Damit liegt er gar nicht so falsch. „Wollt ihr darüber reden?"

Bloß nicht!, denkt Tabea. Sie spürt, wie ihr Gesicht rot anläuft. Wenn Herr Mauz von den angeblichen Nacktfotos erfährt, ist das eine Peinlichkeit hoch drei.

Kein Mensch sagt etwas. Yasemin bricht die Stille als Erste. „Tabea geht es heute nicht gut. Kann ich sie nach Hause bringen?"

„Hm." Herr Mauz überlegt, schaut zu Tabea, dann zu Yasemin und wieder zu Tabea. „Na gut. Nehmt euch bitte zu Hause das 6. Kapitel im Buch vor und lernt die Vokabeln. Tabea, du siehst wirklich krank aus. Gute Besserung."

„Danke", haucht Tabea und packt ihre Tasche. Zum Glück ist Herr Mauz ganz okay, nicht so ein gefühlloser Tyrann wie Frau Lautenbacher.

Der Schulflur ist menschenleer. Tabea und Yasemin eilen über den Schulhof.

Auf dem Heimweg würde Tabea sich am liebsten unsichtbar machen. Sobald jemand sie anschaut, überlegt sie: Hat der die Bilder gesehen? Sie fühlt sich, als wäre sie nackt. Als hätten die Leute einen Röntgenblick.

Endlich sind sie in Tabeas Wohnung. Ihre Mutter ist noch bei der Arbeit. Zum Glück, denn sonst kämen gleich die Fragen, warum sie schon da ist, warum es ihr nicht gut geht und so weiter. Das kann sie gerade nicht brauchen. Ihre Eltern dürfen nie im Leben erfahren, was über sie geredet wird.

Sofort schaltet Yasemin Tabeas Notebook an. „Du musst dich ins *WirNetz* einloggen“, sagt sie bestimmt.

Natürlich hat Yasemin recht. Trotzdem hat Tabea gehofft, das noch ein bisschen hinausschieben zu können.

Sobald der Computer hochgefahren ist, tippt sie widerwillig die Adresse und ihr Passwort ein.

Eine lange Liste von üblen Beiträgen ist unter den Neuigkeiten zu finden: *Ich glaub, ich spinn! – So eine Schlampe! – My God! – Tabea ist eine Nutte! – Geil! – Hey, Alte, nimm mal den Teddy weg! – Machst du's auch zu dritt? – Peinlich! Die ist in meiner Klasse!*

Obendrüber die Bilder. Drei Stück. Zwei sind ein bisschen verschwommen. Splitterfasernackt ist sie darauf zu sehen. Einmal von hinten, einmal von der Seite. Das dritte ist gestochen scharf. Eine Nahaufnahme, mit ihrem Teddy vor der Brust. Sie grinst dabei direkt in die Kamera.

Ihr wird speiübel. Alles dreht sich. Die tausend bunten Kringel vor den Augen und das laute Pfeifen in den Ohren nehmen ihr den Atem. Irgendetwas zieht ihr den Boden unter den Füßen weg. Dann wird alles schwarz.

9. Kapitel

Paula redet Klartext

Tabea liegt auf dem Bett, frierend. Trotzdem spürt sie ihren Schweiß. Kalt ist er.

Yasemin sitzt auf der Bettkante und hält ihr ein Glas Wasser hin. „Hier, du musst trinken."

Tabea leert es in einem Zug, zitternd, schwach.

„Hast du schon gesehen, wer die Bilder eingestellt hat? Es war Paula", sagt Yasemin.

„Paula?", krächzt Tabea leise.

„Woher hat sie die?", spricht Yasemin Tabeas Gedanken aus. „Und wer hat sie gemacht?"

Tabea zuckt schwach mit den Schultern. Nie hätte sie sich nackt fotografieren lassen! Aber die Bilder sind da, woher auch immer. Das kann nur ein schrecklicher Traum sein. Hoffentlich wacht sie endlich daraus auf!

„Das ist echt wie in einem Albtraum“, murmelt Yasemin. Anscheinend kann sie Gedanken lesen. „Sobald die Schule aus ist, gehen wir zu Paula. Sie muss die Fotos sofort löschen.“

Eigentlich will Tabea nur hier liegen, schlafen, irgendwann aufwachen – und alles ist vorbei. Aber sie weiß natürlich: Es ist kein Traum, sondern alles ist wirklich so passiert und lässt sich nicht rückgängig machen.

Sie fühlt sich ausgelaugt und leer, als habe man ihr Blut abgezapft. Stöhnend richtet sie sich auf und wankt ins Bad. Yasemin hat recht. Sie muss ihre restliche Kraft sammeln und kämpfen. Die heiße Dusche gibt ihr nach und nach ein bisschen Leben zurück. Mit frischem Pfirsichduft und sauberen Klamotten fühlt sie sich schon besser. Nach einem Müsliriegel und einem großen Glas Cola ist Tabea entschlossen, die Sache aufzuklären. Auch wenn es verdammt wehtut.

Sie legt ihrer Mutter einen Zettel auf den Tisch, dass sie mit Yasemin noch was erledigen muss. Yasemin bringt ihre Schultasche nach Hause und zieht sich um. Dann gehen sie los.

„Sie ist in ihrem Zimmer“, sagt Paulas Vater und deutet auf die Tür.

Yasemin klopft an und tritt ein, ohne eine Antwort abzuwarten. „Paula, wir müssen mit dir reden“, kommt sie gleich zur Sache.

„Ich will aber nicht mit euch reden“, motzt Paula und streichelt weiter ihre Katze.

„Na gut.“ Yasemin zuckt mit den Schultern. „Dann werden wir die Sache eben mit deinem Vater besprechen.“ Sie wendet sich der Tür zu.

„Nein!“, kreischt Paula entsetzt. Vor Schreck springt die Katze von ihrem Schoß. „Setzt euch“, murmelt Paula und deutet mit dem Kopf auf eine alte, abgenutzte Couch.

Tabea und Yasemin schieben Jeans und Pullis zur Seite und nehmen Platz. „Warum hast du das gemacht?“, fragt Yasemin. „So gemein kann man doch gar nicht sein.“

„Ach nein?“, keift Paula. „Und ihr? War das, was ihr gemacht habt, etwa nicht gemein? Ihr habt unter meinem Namen im Netz behauptet, ich würde Finn lieben.

Vier Tage lang hat Niko kein Wort mit mir geredet."

„Das war echt bescheuert", gibt Yasemin zu. „Wir haben uns dafür schon entschuldigt. Aber wir dachten, es sei ein guter Scherz. Und von der Sache mit Niko wussten wir nichts. Außerdem stand es doch nur auf *KarlchensB-Seite*."

Yasemin steht auf, geht ans Fenster und schaut hinaus. „Aber die Fotos sind offen bei *WirNetz* zu sehen", macht sie weiter. „Auch für Nachbarn und Lehrer und Verwandte oder wildfremde Männer."

Tabea mag lieber nicht so genau darüber nachdenken, wer die Aufnahmen schon gesehen haben könnte. Sonst kippt sie gleich wieder um.

Paula sagt nichts. Sie sitzt nur da und starrt auf den Teppichboden.

Yasemin zeigt auf einen Mann, der gerade die Straße überquert. „Paula, stell dir mal vor, von dir wären Nacktbilder im Netz. Und der Typ da unten hätte sie gesehen. Ein Nachbar. Den triffst du dann zufällig auf der Straße. Oder beim Bäcker. Knallvoller Laden, die ganze Nachbarschaft steht Schlange. Und der Typ quatscht dich an wegen der Fotos. Vor allen Leuten."

Paula schluckt.

„Paula, das ist kein Spaß", sagt Yasemin leise und eindringlich.

Ein Junge platzt herein, einer von Paulas drei Brüdern. Er dürfte etwa zehn Jahre alt sein. „Da ist irgend so ein Typ für dich dran", feixt er und drückt Paula das Telefon in die Hand. Dabei starrt er Tabea an.

Tabea spürt, wie sie rot wird. Hat er etwa auch die Bilder gesehen? Zum Glück verschwindet er gleich wieder.

„Hallo, Niko", grüßt Paula leise in den Hörer. „Du, ich kann gerade nicht. – Okay, bis dann."

Nach dem kurzen Telefongespräch sieht Paulas Gesicht nicht mehr so böse und verkniffen aus. Immer noch hält sie den Hörer in der Hand. Dabei schaut sie nachdenklich zu Yasemin und Tabea.

„Also gut", sagt sie endlich. „Ich lösche die Fotos bei *WirNetz*." Sie zuckt leicht mit den Schultern und dreht ihren Kopf zum Fenster. „War vielleicht nicht ganz okay."

„Danke!" Zumindest ein kleiner Stein fällt Tabea vom Herzen. Obwohl noch unendlich viele Fragen offen sind.

„Aber ich verstehe die Aufregung nicht ganz. Du hast die Bilder ja selbst auf deine Seite bei *freunde-von-freunden.de* gestellt", sagt Paula.

„Waaas?!", schreien Tabea und Yasemin gleichzeitig auf.

„Ich hab gar keinen Account bei *freunde-von-freunden*", sagt Tabea mit zitternder Stimme.

Paula startet ihren PC. Das dauert, denn das Gerät ist nicht gerade das modernste. Kein Wunder, bei vier Kindern kann nicht jedes einen neuen Computer haben. Endlich ist er hochgefahren. Paula tippt etwas in die Adresszeile des Browsers.

Tabea stellt sich neben Paula. Unsicher betrachtet sie den Bildschirm.

Nach wenigen Klicks erscheint die Seite auf dem Monitor. *Tabea Kurz* steht in fetter Schrift ganz oben. Darunter das Porträtfoto von ihr, das sie auf *WirNetz* hochgeladen hat. Es folgen Tabeas Geburtstag, ihr Wohnort und ein Link *weitere Bilder*. Paula klickt darauf. Und da sind sie, die Fotos.

„Nein!“ Tabea hält sich die Hände vor den Mund. Mit weit aufgerissenen Augen starrt sie auf die Seite, schüttelt stumm den Kopf. Sie kann nicht glauben, was sie da sieht.

Zitternd plumpst Tabea zurück auf das Sofa. „Das war ich nicht.“ Ihre Stimme klingt schwach, bebend. Sie steht kurz vor einem neuen Heulanfall. Aber sie will nicht mehr weinen. Sie will kämpfen. „Ich hab mich dort nicht angemeldet."

„Auweia", stöhnt Yasemin. Erschüttert setzt sie sich neben ihre Freundin und nimmt sie in den Arm. „Da ist noch eine Menge zu tun." Mit fester Stimme fügt sie hinzu: „Aber ich verspreche dir: Wer auch immer das war, wir bringen das Schwein zur Strecke."

10. Kapitel

Der Verdacht

Ihre Mutter ist sehr besorgt, als Tabea blass wie ein Gespenst nach Hause kommt. „Hast du dir den Magen verdorben?“, fragt sie, weil Tabea auch beinahe nichts isst. „Am besten legst du dich ein bisschen hin.“

Den Versuch zu schlafen gibt Tabea schnell auf. Die Erinnerung an die Schikane in der Schule, die quälenden Fragen, die Angst und Verzweiflung fressen ihr fast das Herz auf. Sie packt ihr Englischbuch aus. Aber sie sieht nur wirre Buchstaben auf dem weißen Papier, ohne Zusammenhang. So sehr sie sich auch anstrengt, sich zu konzentrieren, ihre Gedanken landen immer wieder bei denselben Fragen: Wer konnte wie und wann die Bilder machen? Und wie kommen die Fotos unter ihrem Namen auf die Seite *freunde-von-freunden.de*?

Es hat keinen Sinn, Lernen bringt heute nichts. Sie legt das Buch zur Seite und startet ihr Notebook. Zitternd loggt sie sich ins *WirNetz* ein. Ein Glück! Paula hat die Fotos gelöscht. Dadurch sind auch all die gemeinen und anzüglichen Kommentare dazu verschwunden. Ob sie wohl wirklich endgültig weg sind? Das Internet vergisst nie, hat mal irgendjemand gesagt. Tabea hat keine Zeit, darüber nachzudenken.

Das Handy spielt ihren Lieblingshit. Yasemin ist dran. „Hallo, Süße, ich komme gleich noch vorbei", sagt sie.

Bis ihre Freundin da ist, will Tabea im Netz auf Spurensuche gehen. Auf die Seite *freunde-von-freunden.de* kommt sie nicht, ohne sich anzumelden. Sie versucht es mit ihrer E-Mail-Adresse und ihrem Passwort, das sie für *WirNetz* und die *B-Seite* benutzt. Angeblich ist sie ja dort registriert. Aber nichts geht.

Passwort vergessen? steht da. Man kann es an seine E-Mail-Adresse schicken lassen. Aber nichts kommt. Nur eine Spam-Mail, in der steht, sie habe 500 Euro gewonnen. Haha!

Schon wenige Minuten später stürmt Yasemin ins Zimmer. „Ich hab mich eben bei *freunde-von-freunden* angemeldet", sagt sie. „Unter falschem Namen und mit einer neuen E-Mail-Adresse. Lass mich mal ran." Unternehmungslustig schiebt sie Tabea vom Schreibtischstuhl und setzt sich an den PC. Ein paar Klicks, dann strahlt sie. „So, wir sind drin."

Tabea wundert sich. „Aha. Und wer, bitte, ist Tamin Klärtauf?"

Yasemin lacht. „Der Vorname Tamin ist zusammengesetzt aus Tabea und Yasemin. Und der Nachname bedeutet, dass wir den Fall aufklären werden."

Tabea grinst. An Ideen hat es Yasemin noch nie gemangelt. Im Moment ist sie ganz besonders froh, dass Yasemin ihre beste Freundin ist und die Sache in die Hand nimmt. „Okay. Und wie will Tamin nun den Fall aufklären?“

Yasemin schaut sich im Zimmer um. „Zuerst müssen wir herausfinden, wo und wann die Fotos gemacht worden sind.“

„Lass mich mal hin.“ Diesmal schiebt Tabea ihre Freundin vom Stuhl. Ganz genau schaut sie sich die Bilder an. Im Hintergrund sieht man das Bett. Das ist in etwa der Blickwinkel vom Schreibtisch aus. Meistens sind Decke und Kissen zerknautscht und ihr Teddy sitzt irgendwo darauf herum. Aber hier ist das Bett ordentlich gemacht, Fritzchen ist nirgends zu sehen. Nur das eine Mal, als sie ihn vor die Brust hält. Hat sie das nicht schon mal gesehen? Dann sind da noch die Klamotten auf dem Schreibtischstuhl. Das türkise Shirt, wann hatte sie das zuletzt an? Vor gut einer Woche.

Moment mal … Tabea schließt die Augen, denkt nach, öffnet die Augen, schaut wieder hin. „Oh nein!“ Sie spürt, wie das Blut aus ihrem Kopf rauscht. „Josh!“

„Was ist mit Josh?“ Yasemin versteht nur Bahnhof.

Fassungslos starrt Tabea auf die Bilder. Josh hat sie gemacht! Er hat sie die ganze Zeit mit seiner Kamera beobachtet! Als sie sich ausgezogen hat, als sie dachte, sie sei allein, war er live dabei, an seinem PC, hat sie angegafft, jede Bewegung mit Stielaugen beobachtet!

„Komm.“ Yasemin legt ihren Arm um Tabea. „Du musst mir erklären, was das alles mit Josh zu tun hat.“

Schwach und willenlos lässt Tabea sich von ihrer Freundin zum Bett bringen. Sie fühlt sich so schrecklich leer. Ihr Gehirn scheint sich aufgelöst zu haben. Es ist, als hätte sie nur Watte im Kopf. Oder stinkenden

Schleim, der die Gehirnzellen weggeätzt hat. Es fällt ihr schwer, einen klaren Gedanken zu fassen.

Yasemin hält sie immer noch im Arm. „Was ist mit Josh?“, fragt sie leise.

Mit aller Kraft versucht Tabea, sich zu konzentrieren, sich zu erinnern. Stockend erzählt sie, wie Josh sie im Chat angesprochen hat, wie süß er zu ihr war und von der Sache mit der Luft, die man zum Leben braucht. Und jetzt kann sie sich auch wieder haarklein erinnern, an den Freitag, als er sie gefragt hat, ob sie Lust auf einen Videochat habe. „Da war aber nur ein schwarzes Bild. Ich konnte ihn nicht sehen. Josh hat gesagt, bei ihm sei auch alles schwarz. Er musste sich um seine kleine Schwester kümmern und wollte es danach noch mal versuchen.“

„Hat er das zu dir gesagt oder geschrieben? Ich meine: Hast du ihn gehört?“, will Yasemin wissen.

Tabea schüttelt den Kopf. „Gehört auch nicht. Wir waren noch im Chat auf der *B-Seite.*“

„Puh!“, stöhnt Yasemin. „Das ist ja echt der Hammer! Dann hat Josh wahrscheinlich seine Kamera zugeklebt und das Mikro abgeschaltet. Aber dich hat er die ganze Zeit gesehen und gehört. So ein fieses Schwein!“

Frau Lautenbacher würde sich jetzt bestimmt wieder über Yasemins derbe Ausdrucksweise aufregen, aber Tabea findet sie noch viel zu gnädig. Wie konnte Josh ihr das antun? Von ihren Augen hat er geschwärmt, so getan, als sei er in sie verliebt. Alles Lüge!

Ihr Schwächegefühl schlägt um in Wut. Aus ihrer Verwirrung wird Entschlossenheit. Josh ist der gemeinste, verlogenste Mistkerl, der ihr je begegnet ist. Der kann was erleben!

11. Kapitel

Der Albtraum

Die Nacht ist schrecklich für Tabea. X-mal steht sie auf, trinkt etwas, schlägt ihr Englischbuch auf, um zu lernen, aber höhnische Stimmen drängen sich zwischen jede Zeile. Auch der blonde Wuschelkopf schiebt sich in ihre Gedanken.

Dieses Schwein! Wie konnte Josh ihr das nur antun? Nie hätte sie ihm eine derart üble Aktion zugetraut. Warum hat er das gemacht? Will er sich vor jemandem beweisen? Vielleicht war er gar nicht allein! Vielleicht war eine ganze Clique bei ihm! Vielleicht war die Hälfte der Jungs aus ihrer Klasse dabei und hat sich über sie lustig gemacht!

Kurz nach dem Morgengrauen schläft sie endlich ein.

Splitternackt rennt Tabea durch die Straßen. Tausende von Menschen starren sie an, grölen, schreien ihr Schimpfwörter hinterher, machen sie nieder. Dann taucht Josh auf, lächelt sie

freundlich an. Aus seinem Gesicht wird eine Fratze mit roten Augen und Reißzähnen, bereit, sie zu zerfetzen.

Der Schock reißt Tabea aus dem Schlaf. Klitschnass geschwitzt setzt sie sich im Bett auf. Selbst jetzt meint Tabea noch, die

Menschenmassen zu sehen. Erst langsam wird ihr klar, dass sie nur geträumt hat, dass sie in ihrem Zimmer ist, nicht nackt, sondern im Schlafanzug und allein.

Die Vögel trällern ihr fröhliches Morgenlied. Total unpassend. Man sollte die Piepmätze abstellen können. Geht aber nicht.

Mit verquollenen Augen und zerknittertem Gesicht schlurft Tabea ins Badezimmer. Sie duscht so lange, bis der Albtraum im Abfluss verschwindet. Danach fühlt sie sich besser. Sogar Hunger hat sie.

„Du bist heute aber früh auf“, wundert sich ihre Mutter, die noch ganz zerknautscht im Nachthemd in die Küche schlappt.

„Konnte nicht schlafen“, murmelt Tabea und gießt Milch auf ihr Müsli.

„Geht es dir immer noch schlecht? Du siehst blass aus. Aber schön, dass du wieder Appetit hast.“ Sie legt ihre Hand auf Tabeas Stirn. „Fieber hast du jedenfalls nicht.“

„Nee, ist schon okay." Vielleicht sollte Tabea ihrer Mutter doch lieber alles erzählen. Aber die würde sich dann nur aufregen und die ganze Sache womöglich noch peinlicher machen, als sie ohnehin schon ist. Und vielleicht würde sie ihr auch noch das Internet verbieten. Nein, lieber nicht.

Stumm löffelt Tabea ihr Müsli in sich hinein. Gestern um die Zeit hat gerade mal ihr Wecker geklingelt. Zehn Minuten danach ist sie gut gelaunt aufgestanden, hat gemütlich gefrühstückt und nicht geahnt, dass es der schwärzeste Tag ihres Lebens werden sollte.

Aber jetzt will sie die Sache in die Hand nehmen. Ihr Tag heute wird höchstens grau. Schwarz wird er für eine andere Person: für Josh. Tiefschwarz. Tabea ist fest entschlossen, sich an ihm zu rächen, ihm die Gemeinheiten, die Schmerzen, die Schlaflosigkeit heimzuzahlen. Josh soll dafür büßen!

12. Kapitel

Tabea wehrt sich

Eine Viertelstunde früher als sonst macht Tabea sich auf den Schulweg. Deshalb begegnet sie nur wenigen Mitschülern. Außerdem hat sie ihre Haare unter einer Schirmmütze versteckt und die hässliche grüne Jacke angezogen, die ihr Tante Sabine geschenkt hat. Damit erkennt sie niemand. Kein Mensch schreit ihr heute Beleidigungen hinterher.

Das Schulhaus ist schon geöffnet. Schnell hängt Tabea die Jacke an die Garderobe und geht ins Klassenzimmer. Nur Kevin und Mark sind schon da und spielen Karten. „Hey, guck mal, die Schlampe“, lästert Mark.

Tabea beachtet ihn nicht. Sie geht ohne zu zögern zur Tafel, greift zur roten Kreide und schreibt groß und fett: *Josh ist ein fieser Spanner!!!*

So. Mal sehen, was jetzt passiert, denkt sich Tabea.

„Was soll das denn?“, wundert sich Kevin.

„Josh hat die Nacktfotos von mir gemacht“, erklärt Tabea knapp. „Heimlich.“

„Waaas? Quatsch kein’ Quatsch.“ Kevin knallt seine Karten auf den Tisch. „Unser Josh? Kann ich mir nicht vorstellen. Der interessiert sich doch nur für Tischtennis, nicht für Frauen.“

Nach und nach trudeln Tabeas Klassenkameraden ein. Manche sind noch zu verschlafen, um die Worte an der Tafel zu sehen, manche bemerken sie sofort. „Was bedeutet das nun wieder?“, wundern sich einige. „Hat das die Nutte geschrieben?“, fragt Tina.

Tabea hört nicht auf die Beleidigung. „Also …“, beginnt sie mit lauter und kaum zitternder Stimme. Sie ist fest entschlossen, Licht in die Sache zu bringen. Auch ohne Yasemin weiß sie sich zu helfen.

In dem Moment kommt Josh herein. Alle Augen richten sich auf ihn.

Bei seinem Anblick spürt Tabea, wie die Wut in ihr aufsteigt und wie kochendes Wasser sprudelt. Sie muss etwas tun, bevor sie zerspringt. Mit grimmigem Blick stapft sie auf ihn zu. „Josh, du fieser Mistkerl! Du gemeiner Spanner!“, platzt es aus ihr heraus. Am liebsten würde sie etwas nach ihm werfen, nicht nur böse Worte, sondern faule Tomaten, Steine oder noch besser glühende Kohlen. Aber sie hat nichts dergleichen dabei, deshalb schleudert sie ihm noch mehr Worte entgegen. „Du bist das mieseste Ekelpaket, das ich je gesehen habe!“

Erschrocken weicht Josh einen Schritt zurück. „Was ist denn mit der los?“, keucht er.

Tabea holt tief Luft. Eigentlich würde sie Josh gern noch mehr Gemeinheiten sagen. Aber sie erinnert sich, dass sie alles aufklären wollte. „Josh war vor zwei Wochen ein paarmal mit mir im Chat von *KarlchensB-Seite*“, wendet sie sich wieder an die Klasse.

„Was?!“, fährt Josh dazwischen.

Doch Tabea lässt sich nicht aufhalten. „An dem Freitag hat er mich dann gefragt, ob ich mit ihm einen Videochat ausprobieren will.“

„Spinnst du?!“, wettert Josh und zeigt ihr einen Vogel. „Ich hab in meinem Leben noch nie gechattet.“

Tabea kümmert sich nicht um Joshs billige Lügen. „Auf meinem Bildschirm war nur ich zu sehen, sonst war alles schwarz. Josh hat so getan, als würde es bei ihm auch nicht funktionieren. Aber in Wirklichkeit hat er mich aufgenommen und Fotos von der Videoaufnahme gezogen. Die hat er dann ins Netz gestellt." Tabea spürt, wie schon wieder Tränen aufsteigen. Die kann sie aber gerade überhaupt nicht brauchen. Mit Mühe gelingt es ihr, sie zusammen mit dem Kloß im Hals hinunterzuschlucken. Sie will keine Schwäche zeigen, sie will kämpfen.

Da kommt Yasemin ins Klassenzimmer. Sofort peilt sie die Lage. Für einen Moment ist alles still.

Tina schimpft als Erste. „Josh, du bist echt ein Schwein!"

Dann hagelt es von allen Seiten Beleidigungen: „Das ist doch pervers!" – „Mann, wenn er das bei mir gemacht hätte … Mein

Vater würde ausrasten!" – „Und der war mal mein Freund."

„Hey, was soll das?", schreit Josh und schaut sich um. „Bin ich jetzt der Nächste, den ihr fertigmachen wollt? Ihr spinnt doch! Ich war das nicht!"

Seelenruhig geht Yasemin zur Tafel, macht den Schwamm nass und wischt ab, was Tabea geschrieben hat. „Wir werden das klären, darauf kannst du dich verlassen", sagt sie. „Wir werden herausfinden, ob du das Schwein bist oder nicht."

In der Pause wird wieder über Tabea gelästert und getuschelt. Einige stellen Fragen, die sie nicht beantworten kann. Aber immerhin ist Tabea nicht mehr für alle das schwarze Schaf. Die Rolle muss Josh sich jetzt mit ihr teilen. Er wird gemieden, von manchen beschimpft und sogar geschubst. Merkwürdig: Viel besser geht es Tabea trotzdem nicht.

Der Englischtest läuft bei Tabea so mies wie befürchtet. Wie soll man auch Vokabeln in ein Hirn kriegen, das mit tausendmal größeren Problemen vollgestopft ist? Hoffentlich drückt Herr Mauz ein Auge zu. Schließlich geht es ihr wirklich schlecht.

Nach der Schule stellt Josh sich vor Tabea und Yasemin. „Hey, ich hab absolut keine Lust auf das Theater“, knurrt er sie an. „Ich will wissen, was wirklich Sache ist.“

„Dann sag du es uns“, entgegnet Yasemin. „Wir wollen es auch wissen.“

„Wie denn? Ich hab absolut null damit zu tun. Ehrlich, ich hab in meinem Leben noch nie gechattet.“

„Natürlich warst du im Chat!“, fährt Tabea ihn empört an. „Wer soll das sonst gewesen sein, unter deinem Namen?“

„Keine Ahnung.“ Josh hebt die Arme und lässt sie wieder fallen. „Ich jedenfalls nicht. Und im *WirNetz* bin ich auch fast nie.“

Der lügt ja wie gedruckt, denkt Tabea.

„Außerdem war ich an dem Freitag mit einem Freund im Kino“, fügt Josh verzweifelt hinzu.

„Na klar.“ Yasemin klingt nicht wirklich überzeugt. „Der Freund kann das vermutlich beschwören, beim Leben seiner Zimmerpflanze. Und am Mittwoch und Donnerstag war das im Chat wahrscheinlich dein Geist.“

„Ich sag doch, ich war da noch nie drin!“, schreit Josh sie an. „Und donnerstags bin ich immer beim Tischtennis. Könnt ihr ja den Trainer fragen.“

„Okay, das werden wir tun“, verspricht Yasemin.

Die drei haben gar nicht bemerkt, dass sie während des Streits von Neugierigen umringt worden sind. Gaffend stehen etwa zwanzig Schüler um sie herum.

„Das ist ja spannender als Fernsehen“, meint ein Fünftklässler.

„Kann sein." Josh wirft ihm einen finsteren Blick zu. „Aber nur, solange man selbst nicht der Buhmann ist", motzt er und macht sich davon.

13. Kapitel

Suche nach dem Schuldigen

Sie müssen zu Josh, mit seinen Eltern reden, Beweise sammeln. Am späten Nachmittag machen sich Tabea und Yasemin auf den Weg.

Das fröhliche Tirili der Klingel passt überhaupt nicht zu Tabeas Stimmung. Ein kleines Mädchen öffnet. Das muss Joshs Schwester Lynn sein. Sie hat auch blonde Locken.

„Hallo, wir wollen zu Josh“, sagt Yasemin und lächelt.

„Der is nich da“, kräht die Kleine.

„Und deine Eltern?“, fragt Yasemin schnell weiter.

„Mama is da.“ Sie stapft zu einer Tür und öffnet sie. „Mama, da sin so Mädchen, die wolln zu Joshi.“

Eine Frau kommt zur Haustür. Sie sieht sympathisch aus. Dass sie ihren Sohn so schlecht erzogen hat, möchte man nicht meinen.

„Hallo, seid ihr Klassenkameradinnen von Josh?“, fragt sie freundlich. „Der ist gerade beim Tischtennistraining in der alten Turnhalle.“

„Ach, da haben wir was verwechselt“, flunkert Tabea. „Wir dachten, er trainiert donnerstags.“

Die Frau lacht. „Ja, da auch. Josh ist bald mehr in der Halle als daheim. Er trainiert jeden Dienstag und Donnerstag. Davon ist er nicht abzubringen.“

„War er dann in den letzten beiden Wochen auch jedes Mal beim Training?“, fragt Yasemin.

„Ja, natürlich“, antwortet Joshs Mutter. „Sein Tischtennis lässt er nie ausfallen. Warum fragt ihr?“

„Äh, vielleicht kann er uns helfen“, antwortet Yasemin schnell. „Wegen einer Sache, die am Donnerstag vor zwei Wochen war.“

Tabea fällt noch etwas ein: „Und am Freitag vorletzte Woche, war er da im Kino?“

„Na, was ihr alles wissen wollt. Lasst mal überlegen … Ja, er war mit einem Freund aus dem Sportverein in einem Fantasyfilm.“

„Falls Josh wirklich beim Training und im Kino war, wer soll es dann gewesen sein?“, grübelt Tabea, als sie wieder auf der Straße sind.

Die Halle ist nur wenige Minuten entfernt. Schon am Eingang hört man das Plongplong der Tischtennisbälle.

Tabea öffnet die Tür. Sofort hat sie den blonden Wuschelkopf an einem der Tische entdeckt. Konzentriert sieht er aus. Gleichzeitig fröhlich. In der Schule ist er eher ruhig und unauffällig, aber hier ist er auf Zack wie ein Profi. Wie ein ganz normaler, sportlicher dreizehnjähriger Junge sieht er aus. Ziemlich nett sogar. Gar nicht wie jemand, der zu Gemeinheiten fähig ist. Alles Tarnung?

„Entschuldigung.“ Yasemin geht direkt auf den Trainer zu. „Könnten wir Sie bitte kurz sprechen? Allein?“

Tabea fällt auf, dass Josh ein Ball durch die Lappen gegangen ist. Mit offenem Mund starrt er sie an. Ob er wohl Schiss hat?

Der Trainer wundert sich. „Was gibt es denn Geheimnisvolles?“, fragt er, geht aber mit den Mädchen in den Geräteraum.

„Wir müssen unbedingt wissen, ob Josh am Donnerstag vor knapp zwei Wochen beim Training war“, sagt Tabea.

„Ach, das müsst ihr unbedingt wissen?“ Der Trainer grinst, als würde er das Problem vollkommen verstehen. „Also, falls du meinst, den Josh mit einem anderen Mädchen gesehen zu haben, hast du dich geirrt. Er war nämlich immer beim Training. Jeden Dienstag und jeden Donnerstag von sechs bis halb acht. Zum letzten Mal hat er gefehlt, als er seinen Fuß verstaucht hatte, vor einem halben Jahr.“

„Danke“, sagen Tabea und Yasemin gleichzeitig.

Von sechs bis halb acht? Tabea überlegt noch mal genau. An jenem Donnerstag war sie auf jeden Fall um die Zeit im Chat. Mit dem angeblichen Josh. Er kann es wirklich nicht gewesen sein. Von dem Felsbrocken auf ihrem Herzen fällt ein kleines Steinchen herab. Es war nicht Josh. Aber wer war es dann?

14. Kapitel

Gefährliches Spiel

Als die Mädchen die Halle verlassen wollen, werden sie von Josh aufgehalten. „Könnt ihr auf mich warten? Zehn Minuten?“

„Okay“, antwortet Tabea.

Wenig später kommt Josh heraus, fertig umgezogen, mit Sporttasche in der Hand. Hat er etwa sein heiß geliebtes Training für sie sausen lassen? Er zeigt auf einen nahe gelegenen Spielplatz. „Da können wir uns hinsetzen.“

Sie lassen sich in einer Ecke auf einer Bank nieder. „Also“, beginnt Josh, „irgendwer treibt ein fieses Spiel mit uns. Das sollten wir uns nicht gefallen lassen. Was genau ist passiert?“

Tabea verklickert Josh haarklein, wie er im Chat war, wie er mit ihr geflirtet hat. Ihr fällt auf, dass er dabei ein bisschen rot wird. Dann die Sache mit den Bildern. „Paula hat die

Fotos bei *WirNetz* zum Glück gelöscht. Aber auf *freunde-von-freunden.de* sind sie immer noch“, endet ihr Bericht.

„Puh, das ist ja echt übel“, stöhnt Josh. Er schaut Tabea direkt in die Augen. „Aber ich hab wirklich nichts damit zu tun.“

„Wie kann ein anderer unter deinem Namen ins *WirNetz*? Und sogar auf *KarlchensB-Seite*?“, fragt Yasemin. „Kommt jemand an dein Smartphone oder an deinen PC heran?“

„Nö. Ich hab nur ein Billighandy ohne Internet. Und ans Notebook geht keiner ran. Meine Mutter hat ihr eigenes vorsintflutliches Klapperteil. Mein Vater wohnt in Hannover und meine Schwester spielt lieber mit ihren Plastikpferdchen.“

„Kennt irgendwer dein Passwort?“ Tabea denkt dabei an Paula.

Josh schüttelt den Kopf. „Ganz sicher nicht. Das ist eine Kombination aus Buchstaben, Zeichen und Zahlen, da kommt keiner drauf."

„Oder hast du mal deinen PC ausgeliehen?", überlegt Yasemin. „Vielleicht bist du automatisch eingeloggt und jemand hat dein Passwort geändert."

„Nein, der steht immer zu Hause. – Halt! Moment mal …" Man sieht Josh an, wie es in seinem Kopf rattert. „Doch! Vor zwei oder drei Wochen hab ich mein Notebook mal einem Kumpel mitgegeben. Ein Bekannter von ihm hat mir dann ein Spiel draufgeladen."

„Hey, das könnte eine Spur sein!", jubelt Yasemin.

Ja, denkt Tabea. Möglicherweise haben sie den Verbrecher schon gefunden. „Und wer war das?"

Josh zuckt mit den Schultern. „Keine Ahnung. Muss meinen Kumpel fragen. Mach ich gleich heute Abend."

„Super!“, lobt Tabea. „Wenn du was erfährst, rufst du mich dann an?“ Sie spürt, wie sie rot wird. Zeigen Joshs Wangen etwa auch schon wieder diese verräterische Farbe?

„Klar, mach ich. Wenn du mir deine Telefonnummer gibst – schriftlich, ich hab mein Handy nicht dabei.“

Yasemin hat einen Kuli in der Tasche, aber keinen Zettel. Kein Problem. Tabea schreibt die Nummer direkt auf Joshs Hand. Ein bisschen krakelig. Seine Hand zittert, ihre auch. Aber man kann es lesen.

Die drei stehen auf.

„Also, ich melde mich“, sagt Josh.

„Okay, bis dann.“ Tabea wendet sich zum Gehen. Josh muss leider in die andere Richtung. Doch da fällt ihr noch etwas ein. „Josh … Danke!“ Und jetzt sieht sie es ganz deutlich: Josh wird rot. Ob das wohl was zu bedeuten hat?

15. Kapitel

Überraschende Erkenntnisse

Josh empfängt die beiden Mädchen am nächsten Morgen bereits am Tor zum Schulgelände. „Gestern Abend war's schon zu spät, da konnte ich nicht mehr anrufen", erklärt er. „Ich hab die Adresse von dem Typ, der mir das Spiel auf den PC geladen hat. Wenn ihr wollt, können wir heute nach der Schule zu ihm gehen."

„Das ist ja genial!" Yasemin ist begeistert.

„Super", sagt Tabea, klingt aber unsicher. Zwar freut sie sich, der Aufklärung so nahe zu sein. Aber die ganze Nacht hat sie sich gefragt, ob sie dem Fiesling wirklich gegenüberstehen will. Dem Menschen, der auf übelste Art in ihre Privatsphäre eingedrungen ist. Irgendwie hat er ja auch ihren Körper missbraucht, obwohl er sie nie berührt hat. Ein Schauer läuft ihr über den Rücken.

Yasemin merkt gleich, was in ihrer besten Freundin vorgeht. Sie nimmt Tabea in den Arm. „Sollen wir ohne dich gehen?“

Tabea schüttelt den Kopf. „Nein, ich komme mit“, sagt sie entschlossen. „Ich will das Schwein sehen.“ Wenn er es wirklich war, denkt sie noch. Vielleicht hat der Bekannte von Joshs Kumpel doch nichts mit der Sache zu tun. Dann stehen sie dumm da und wissen nicht, wo sie weitersuchen sollen.

Der Wohnblock hat schon bessere Zeiten gesehen. Auch das alte Moped, das davor abgestellt ist.

„Ich hab Angst“, piepst Tabea. „Vielleicht ist das so ein Perverser, der auf Kinder steht. Womöglich lässt er uns nicht mehr aus der Wohnung. Was machen wir dann?“

„Glaub ich nicht.“ Josh klingt überzeugt, aber er versteht, was Tabea meint. „Pass auf: Ich rufe einen Freund an und sage ihm, wo wir sind. Wenn er in einer halben Stunde nichts von mir hört und mich nicht erreicht, soll er die Polizei anrufen."

Tabea nickt. Josh gibt kurz übers Handy seinem Freund Bescheid. Danach fühlt sie sich zumindest ein bisschen sicherer.

„Dann auf in die Höhle des Löwen." Josh sucht die lange Klingelreihe ab. „Hier ist es", stellt er fest und drückt auf den Knopf. Nichts passiert. Eine halbe Minute, eine Minute. Dann, endlich, eine männliche Stimme am Sprechapparat: „Ja?"

„Hallo, ich komme wegen einem PC-Spiel", quasselt Josh hinein. „Ein Kumpel hat mir die Adresse gegeben."

„Hm", brummt die Stimme, dann der Türsummer.

Stumm gehen sie die Treppen hinauf. Im Treppenhaus muffelt es. Tabea spürt, wie ihre Knie bei jeder Stufe weicher werden. Soll sie nicht lieber umkehren?

Zu spät. Eine geöffnete Tür. Ein Typ steht im Rahmen, so um die zwanzig, schmierig, ungepflegt. Zuerst schaut er auf Josh. Stutzt. Dann zu Yasemin. Schließlich zu Tabea. Da klappt ihm die Kinnlade hinunter. Mit offenem Mund starrt er sie an.

In dem Moment weiß Tabea: Er war's! Er hat sie begafft, er hat ihren Körper missbraucht. Er ist das Schwein. Sie spürt eine Gänsehaut auf ihren Armen, Übelkeit, Ekel. Und Angst.

„Schaffst du's?", fragt Yasemin leise.

Tabea schluckt. Krallt sich an Yasemins Arm fest. Atmet tief durch. Nickt.

„Dürfen wir reinkommen?", fragt Josh. „Wir müssen reden."

„Hendrik, wer ist da?", ruft eine Frau aus der Wohnung.

„Ein paar Freunde, Mama", nuschelt ihr Sohn und macht den drei Besuchern widerwillig den Weg frei.

„Freunde? Schön.“ Die Frau steht im Gang, im Bademantel, mit verwuschelten Haaren und dunklen Ringen unter den Augen. Krank sieht sie aus.

Hendrik schiebt Josh und Yasemin in ein Zimmer. Tabea glotzt er nur fassungslos an.

Das Zimmer ist vollgestopft mit Müll: leere Chipspackungen, Colaflaschen, Schokoladenpapier. Manche Menschen werden dick, weil sie krank sind. Hendrik dagegen scheint in sich hineinzufressen, was er kriegen kann. Auch eine Art von Krankheit.

„Hendrik, wir wissen alles“, behauptet Josh. „Aber ich denke, du solltest es uns selbst erzählen.“

Noch immer starrt Hendrik auf Tabea, als wäre sie ein Geist. Ihr gegenüberzustehen scheint ihm genauso peinlich zu sein wie ihr.

Wie ein Kartoffelsack lässt er sich auf den Schreibtischstuhl fallen. Josh bleibt stehen, Tabea und Yasemin setzen sich aufs Bett.

Frische Wäsche wäre auch nicht schlecht, denkt Yasemin.

„Ich … Du … Ähm …“ Zuerst bringt Hendrik kaum ein Wort heraus. Doch dann erzählt er. Von einem Kumpel aus dem Internet hat er erfahren, wie man Passwörter auf einem Computer knacken kann. Weil er da gerade Joshs Notebook in den Fingern hatte, hat er es gleich mal ausprobiert. Dann ist er bei *WirNetz* gelandet. Und weil er gesehen hat, dass Josh sich dort so gut wie nie blicken lässt, fand er es ganz cool, mal dessen Identität anzunehmen. Da hat er das Bild von Tabea gesehen – ein Mädchen ganz nach seinem Geschmack.

Tabea spürt schon wieder einen Schauer, als sie das hört.

Weil die Jungs im Moped-Forum immer mit Fotos von ihren Freundinnen angeben, wollte er auch mal mitmischen. Zuerst hat er nur Tabeas Porträtfoto gezeigt. Dann wollten einige noch mehr Bilder sehen. Aber woher sollte er die nehmen?

Da hatte er die Idee mit dem Videochat. Damit wollte er an knackige Aufnahmen kommen. Die Sache ist sogar noch viel besser gelaufen als geplant. Er hat dann das Bild mit dem Teddy vor der Brust in das Forum gestellt. Weil man darauf eigentlich nichts sieht, ist ja alles von dem Plüschbären verdeckt. Also gar nicht so schlimm.

„Aber warum hast du dich dann unter Tabeas Namen bei *freunde-von-freunden* angemeldet?“, fragt Yasemin streng. „Und dort auch noch die anderen Aufnahmen hochgeladen?“

„Was?!“ Hendrik zuckt zusammen. „Hab ich nicht!“

Yasemin schaut ihn an, die Arme vor der Brust verschränkt. „Ach, dann sind die Fotos ganz von alleine dahin gewandert.“

„Sollen wir mal mit deiner Mutter darüber reden?“, fragt Josh.

„Nein!“ Hendrik springt auf. „Lasst meine Mutter aus dem Spiel. Die ist ohnehin total fertig.“ Er lässt sich wieder auf seinen Stuhl fallen. „Seit mein Vater vor zwei Jahren abgehauen ist, ist sie krank“, fügt er leise hinzu.

Und du wohl auch, denkt Tabea.

„Dann sag uns die Wahrheit“, beharrt Josh.

„Ich war's nicht, echt“, wimmert Hendrik. „Ich hab nur noch zwei Fotos an einen aus dem Forum geschickt. Er fand Tabea so hübsch und wollte noch mehr Bilder sehen.“

„Wer war das?“, fragt Yasemin.

Hendrik klickt auf seinem PC herum. „Hier ist er.“ Er deutet auf den Profileintrag von *Cooler_Freak*.

„Schade“, murmelt Yasemin. „Auf seinem Foto ist nur ein Moped zu sehen. Oder ist das ein Motorrad? Was für ein giftiges Grün!“

Ein giftgrünes Moped? Tabea erhebt sich wackelig vom Bett, starrt auf den PC. „Das Moped kenne ich! Das gehört Robin!“

„Deinem Ex?“, staunt Yasemin.

„Genau“, haucht Tabea. Ihr wird schon wieder schlecht.

„Dann wissen wir ja, wen wir als Nächstes besuchen“, stellt Yasemin fest.

In Tabeas Kopf flitzen schon wieder die Gedanken herum wie Autoscooter. Es fällt ihr schwer, das Ekelpaket anzusprechen, aber sie muss es wissen. „Woher hast du von Joshs Schwester gewusst?"

„Das stand in Joshs Profil, war ganz einfach", antwortet Hendrik.

„Und von der Bioarbeit?"

„Stand auf *KarlchensB-Seite*."

Tabea nickt stumm. Klingt logisch. Ist gar nicht so schwer, sich für eine andere Person auszugeben. Echt übel, wie leicht man im Internet belogen werden kann.

Joshs Handy klingelt. „Alles in Ordnung", gibt er seinem Freund Entwarnung. „Musst vorerst nicht die Polizei rufen."

Bei dem Wort „Polizei" zuckt Hendrik erneut zusammen.

„Du löschst sofort die Fotos und das Video von Tabea", drängt Josh. „Aus dem Forum und von deinem PC."

Hendrik nickt. Aber Josh will Taten sehen. „Jetzt", beharrt er.

Yasemin stellt sich neben den PC, achtet auf jeden Mausklick und wartet, bis Hendrik wirklich alles gelöscht und auch den Papierkorb seines PCs geleert hat.

Tabea ist froh, als sie endlich die Wohnung verlassen.

„Du … äh … Tabea!", ruft Hendrik ihr mit krächzender Stimme hinterher. Er macht ein zerknirschtes Gesicht, schaut zu Boden. „Es … es tut mir leid."

Hendriks schlechtes Gewissen sieht echt aus. Eigentlich ist er ein armes Schwein, denkt Tabea. Obwohl seine Tat dadurch nicht besser wird.

16. Kapitel

Die Wahrheit kommt ans Licht

Robin ist nicht zu Hause. „Schade“, murrt Yasemin. „Na ja, kann ja nicht immer alles so glatt laufen wie eben bei dem fetten Riesenbaby.“

„Mädels, morgen ist auch noch ein Tag. Ich werde mich dann mal auf die Socken machen“, sagt Josh und verabschiedet sich.

„Ich würde an deiner Stelle die Schuhe anbehalten“, gibt Yasemin lachend zurück.

Josh geht in die eine Richtung, Tabea und Yasemin in die andere. Es wird ohnehin Zeit, sich daheim blicken zu lassen. Es ist schon nach acht. Zügig machen sie sich auf den Weg.

Die beiden biegen rechts ab. „Sag mal“, fragt Yasemin grinsend, „ist Josh in dich verknallt?“

Bei der Frage schießt Tabea das Blut in den Kopf. Verlegen schaut sie zur Seite. Da sieht sie aus dem Augenwinkel ein giftgrünes Moped. „Runter!“, zischt sie ihrer Freundin zu und zerrt sie hinter ein Auto.

Yasemin wundert sich. Aber dann wandert ihr Blick zu dem Moped und einem wild knutschenden Pärchen. „Ist er das? Ich meine, die eine Hälfte von dem sabbernden siamesischen Zwilling?“, flüstert sie.

Tabea nickt. Durch die Autofenster sieht sie, wie Robin der Blonden unters T-Shirt grapscht. Auch bei ihr ist er gleich so zur Sache gekommen, kurz nachdem sie sich kennengelernt hatten.

„Warte hier. Vielleicht kann ich Josh noch einholen“, wispert Yasemin und saust los.

Eigentlich ist es total peinlich, wie Robin sich über die Blonde hermacht. Aber ihr scheint es zu gefallen. Tabea gelingt es nicht, ihren Blick abzuwenden.

Die Haustür des Mietshauses öffnet sich, direkt neben dem Pärchen. Ein Mann tritt heraus. Robin und die Blonde reißen sich voneinander los. „Bis morgen“, säuselt das Mädchen, haucht Robin noch einen Luftkuss zu und verschwindet im Gebäude.

Während Robin seinen Helm aufsetzt, kommt ein Mann auf das Auto zugelaufen. Genau auf das, hinter dem Tabea sich zusammenkauert. „He, was machst du da?“, motzt der Mann sie an. „Autos verkratzen oder was?“

Tabea schüttelt stumm den Kopf.

„Verschwinde, aber dalli“, herrscht er sie an, steigt in sein glänzendes Fahrzeug und fährt los. Das war's dann mit Tabeas Deckung.

Robin setzt seinen Helm wieder ab. „Na sieh mal an, Jungfrau Tabea. Was willst du denn hier?“, fährt er sie an.

„Warum hast du das gemacht?“, wettert Tabea los.

„Was? Mit Isa knutschen? Sie ist meine Freundin und nicht so verklemmt wie du.“

„Du weißt genau, was ich meine. Das mit den Fotos auf *freunde-von-freunden.de*. Du hast dich unter meinem Namen dort angemeldet und Nacktbilder von mir eingestellt."

Er stutzt einen Moment, hat wohl nicht erwartet, so schnell ertappt zu werden. „Na und? Du Zicke hast es verdient!" Seine dreckige Lache hallt durch die Straße.

Tabea markiert die Starke. „Das wirst du noch büßen!", faucht sie, denkt aber: Hoffentlich kommt bald Hilfe!

Robin grinst nur frech. „Ich soll das also büßen. Haha! Meinst du etwa, ich hätte Schiss vor dir?"

„Ich werde es allen erzählen", keift Tabea. Wo bleiben die beiden denn nur?, denkt sie. „Deinen Eltern, deinen Lehrern und deinen Klassenkameraden", wettert sie weiter und versucht krampfhaft, ihre Angst zu verbergen.

Robins Augen verengen sich zu Schlitzen. „Wenn du das machst …", zischt er. Mit geballten Fäusten kommt er auf sie zu, drohend, schnaubend vor Wut. Brutal sieht er aus, zu allem fähig.

Verflucht, der macht Ernst, denkt Tabea. Weg hier! Sie stürmt davon.

„Du entkommst mir nicht", hört sie Robins gepresste Stimme hinter sich, dann das Starten des Mopeds. „Dich mach ich fertig!"

„Hilfe!" Panisch rennt Tabea weiter. Die Angst frisst die letzte Kraft aus ihren Beinen. Sie stolpert, strauchelt, landet auf dem Asphalt. „Neeeiiin!"

Im Straßendreck liegend hört sie einen Motor aufheulen. Dann Robins Fluch: „Nimm sofort deine Dreckspfoten weg, du Idiot!"

„Lass das Mädchen in Ruhe, du halbe Portion!", kommt die Antwort.

Im gleichen Moment schießen Josh und Yasemin um die Ecke und helfen Tabea auf

die zitternden Beine. „Er wollte mich verfolgen“, japst sie. „Aber irgendjemand hat ihn aufgehalten.“

Sie gehen auf Robin zu. Zusammen mit ihren Freunden hat Tabea weniger Angst. Außerdem ist da noch der Typ, der Robins

Moped am Gepäckträger festhält. Deshalb ist Robin nicht vom Fleck gekommen. Der Gepäckträgerhalter dürfte Anfang zwanzig sein und wirkt nicht gerade wie ein Weichei. Auch Robins Freundin und ein etwa Siebzehnjähriger kommen jetzt dazu.

„Ist ja interessant, was ich vom Fenster aus gehört habe", meint die Blonde. „Meine beiden Brüder haben übrigens auch alles mitbekommen."

„Was habt ihr gehört?" Robin stellt sich dumm. „Die Zicke", bei dem Wort deutet er mit dem Kopf auf Tabea, „die erzählt doch nur Stuss."

„Das lässt sich leicht überprüfen", sagt der ältere der Brüder. „Wenn man ins Internet geht, bekommt man eine Nummer zugewiesen, die IP. Die hinterlässt Spuren und wird aufgezeichnet, wenn man in Foren oder Netzwerken ist. Die Polizei kann problemlos feststellen, zu welchem Computer sie gehört."

„Ach, quatsch keine Opern“, stänkert Robin. „Das ist doch alles Käse.“

„Hm, zu blöde, dass mir meine Profs an der Uni in den vier Semestern Informatik nur Käse beigebracht haben“, meint der Ältere. „Aber weil du ja unschuldig bist, können wir gleich alle zusammen zur Polizei gehen.“

„Spinnst du?!“ In Robins Augen wird Panik sichtbar. „Ich wollte der verklemmten Tussi doch nur ’nen kleinen Denkzettel verpassen. Was bildet die sich denn ein? Erst törnt sie mich an und dann macht sie ’nen Abgang.“

„Der Account und die Bilder werden sofort gelöscht!“, befiehlt Josh.

Tabea nickt zustimmend. „Sonst zeige ich dich an.“ Zusammen mit den anderen fühlt sie sich stark. Trotzdem zittert sie wie eine Waschmaschine im Schleudergang.

„Wenn du das machst …“, versucht Robin sie wieder einzuschüchtern.

„Was dann?“, fragt die Blonde. „Wir sind alle Zeugen, die gegen dich aussagen würden.“

„Du auch?“, wundert sich Robin.

Die Blonde verschränkt die Arme vor der Brust und schaut ihn abschätzig an. „Du glaubst doch wohl nicht, dass ich mit so ’nem gemeinen Kerl was zu tun haben will.“

„Jetzt mach, dass du fortkommst. Wenn du in einer Stunde das Zeug nicht gelöscht hast, schicken wir die Polizei bei dir vorbei, kapiert?“, droht der Informatikstudent. „Und wenn ich dich hier noch mal sehe, zerlege ich dich und dein Moped in Einzelteile.“

In Sekundenschnelle macht Robin sich aus dem Staub. Mit jedem Meter, den er sich entfernt, geht es Tabea besser.

17. Kapitel

Glück gehabt

„Sagt mal, was ist genau passiert?“, fragt der jüngere Bruder.

In Kurzform erzählt Tabea die ganze Geschichte, unterstützt von Yasemin und Josh.

„Da hast du verdammt Glück gehabt“, meint der Ältere.

„Glück?“, wundert sich Tabea. Das fühlt sich aber ganz anders an.

„Ja, Glück. Ihr habt schon nach drei Tagen die Schuldigen gefunden. Gratulation übrigens, gute Leistung. Aber hinter der Sache hätte auch ein gefährlicher Perverser stecken können. Dann würdet ihr jetzt vielleicht nicht so gesund und munter hier herumspazieren. Eigentlich ist für die Aufklärung von Straftaten die Polizei da.“

„Hm“, brummt Tabea nur. Stimmt schon, irgendwie …

„Hoffentlich löscht Robin die Bilder gleich“, sagt die Blonde und wirft Tabea einen mitleidigen Blick zu.

Ihr großer Bruder nickt. „Nur zu dumm, dass sie trotzdem noch im Internet herumschwirren können. Was mal drin war, wird nie mehr komplett verschwinden.“

Tabea stöhnt. Ihr fällt ein, dass sie tatsächlich in Suchmaschinen schon kleine Bilder von längst gelöschten Seiten gesehen hat. Außerdem weiß sie nicht, wer die Fotos bereits aufs Handy oder den PC geladen hat. Aber wenn Robin sie von dem gefälschten Account bei *freunde-von-freunden.de* nimmt, stoßen ihre Mitschüler nicht mehr so leicht darauf, als würden sie an einer Plakatwand hängen.

Und irgendwann versinken sie hoffentlich ganz, ganz weit in den Tiefen des Internets und geraten in Vergessenheit.

Es ist schon dunkel, als sich die drei auf den Heimweg machen. Josh ruft zu Hause an, dass er etwas später kommt. „Ich begleite euch noch ein Stück. Nicht, dass euch was passiert." Er schmunzelt. Tabea bringt er bis vor die Haustür. „Du, diese Woche kommt ein neuer Fantasyfilm im Kino. Hast du Lust, den am Freitag mit mir anzusehen?" Trotz der Dunkelheit sieht Tabea, wie er rot anläuft.

„Gern." Sie strahlt und spürt, dass ihr Herz mal wieder aus dem Takt gerät. Diesmal ist es der echte Josh, ohne *WirNetz* und doppelten Boden, der ihre Gefühle durcheinanderwirbelt. Der große Bruder der Blonden hat recht: Sie hat wirklich Glück gehabt.